空の日

JUNIOR POEM SERIES

林　佐知子 詩集

葉祥明 絵

銀の鈴社

序詩《じょし》

空の日

海の日が　できた
山の日も　できた
空の日は　ないの？

空の日は　あります
むかしから　あります

みあげて　ごらん
あたまの　うえに
いつでも　空は

こよみに　ないだけ
毎日が　空の日

さっちゃん

私《わたし》のなまえは　さちこ
童謡《どうよう》「サッちゃん」と　おなじ

「うたの　サッちゃんは
バナナ　半分しか食べられないけれど
こっちの　さっちゃんは
バナナ　まるごと一本　食べるのよ」

自己《じこ》紹介《しょうかい》で　そう言った

うたのはじめも　うたって
名前を　おぼえてもらった

さっちゃんは　さちこって
なまえの　自分を
「サッちゃん」に会って
大好きになった

きっと日本中に　おなじような
さっちゃん　いるだろうな
ありがとうね
「サッちゃん」

七草《ななくさ》

「七草　なずな
唐土《とうど》の　とりが」
トントン　トントン
トントントン

おばあちゃんは
歌いながら　切る
まな板の　上で
七草の　菜《な》を

わたしは　そばで

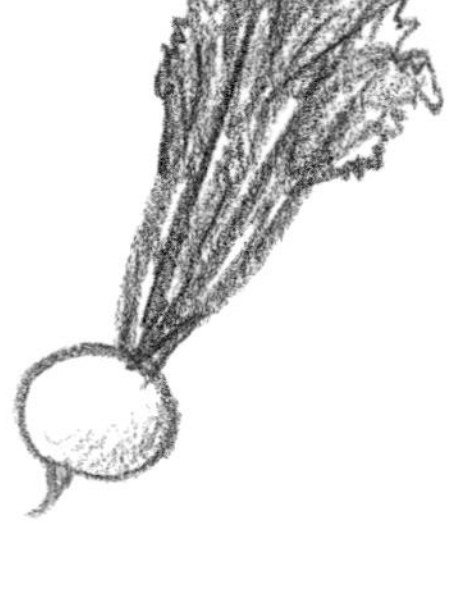

笑《わら》いながら　見る
おばあちゃんの　手元《てもと》
晴れやかな　顔を

おかゆは　炊《た》けて
散《ち》らしながら　染《そ》まる
清浄《せいじょう》の　白に
鮮《あざ》やかな　緑

正月　七日
弾《はず》みながら　めでたい
新年が　やってきた
にぎやかに　家に

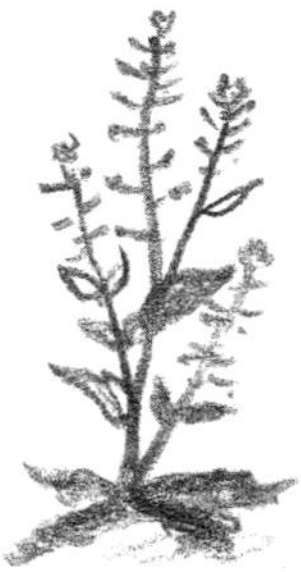

あのとき　鬼《おに》だった

あのとき　ぼく　鬼だった

あの子　にらんだ　目
フン！　とあらい　鼻いき
きっと　つのが　はえてたよ
頭の　てっぺんに

鬼は外　鬼は外
ごめんね　ごめん　福はうち

あのとき　わたし　鬼だった

ともだち　せめた　口

べー　とだした　舌《した》

きっと　つのが　はえていた

頭の　右ひだり

鬼は外　鬼は外

ごめんね　ごめん　福はうち

ラララ　光の春

風は　肌刺《はださ》す
つめたさだけど
ラララ　光の春

クロッカスが
シュン　シュン
地面に　かおをだす

シジュウカラが

ツツピー　ツツピー
こずえで　さえずり

わたしが
ドキン　ドキン
光に　ときめく

春への扉《とびら》が
力強く　ひらく
まばゆい　ラララ　光の春

さよなら　三月

さよなら　三月
笑顔《えがお》で　おわかれ

顔の　下には
さびしさ　かくし

なみだは　みせない
みせない　つもり

それでも　わすれず
ポケットに　ハンカチ

さくらの　たよりは
わかれの　はなむけ

白い　こぶしの
花の下　くぐり

さよなら　三月
元気で　また　いつか

山が　山として

―熊本《くまもと》地震《じしん》によせて

山が　山として　ある
道が　道として　ある
家が　家として
町や村が　町や村として　ある
あたりまえに　ある　それこそ
もっとも　美しい　姿《すがた》

地震で崩《くず》れた　山から　知る
亀裂《きれつ》の走った　道から　知る
つぶれ　傾《かたむ》いた　家から
こわれた　町や村から　知る

変わらずに　ある　それこそが
もっとも　心やすらぐ　姿と

中央線《ちゅうおうせん》の「桜《さくら》」

平日の昼どき　ＪＲ中央線の
下り快速《かいそく》電車に乗っていた
座席《ざせき》にすわっていた　私《わたし》のまわりには
サラリーマンや学生風の
若《わか》い男性たちがいた
どの人も　うつむいたり
スマートフォンをいじったり
御茶ノ水《おちゃのみず》駅を過ぎ

しばらくしたときだった
車内放送が流れた
中年の男性の車掌《しゃしょう》さんの声で
「これからしばらく
進行方向右手の
お堀端《ほりばた》をごらんください
桜が満開《まんかい》です」
すると　前かがみだった
まわりの乗客たちが
顔をあげた
窓《まど》の外に　じっと見入る人

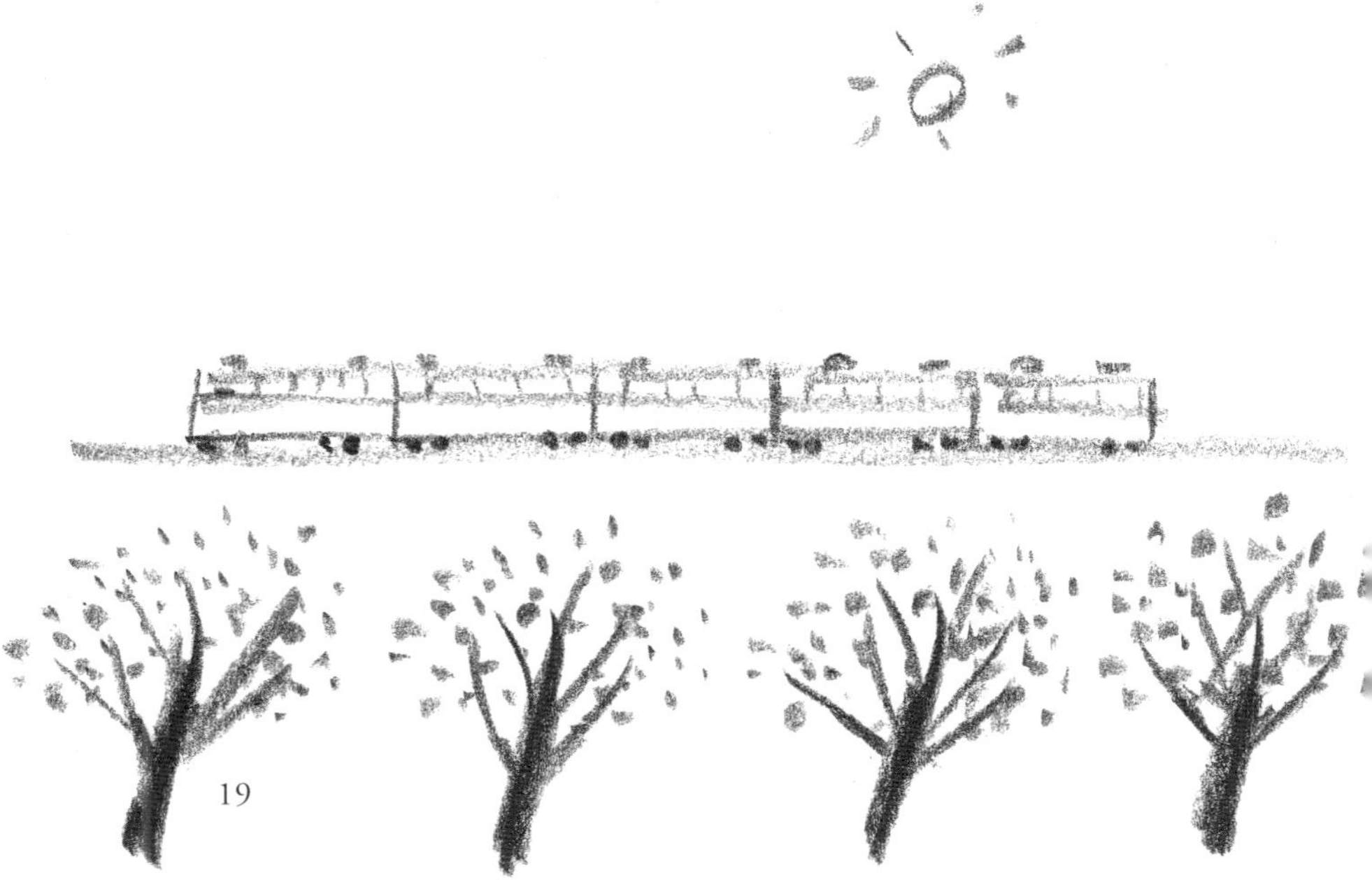

右側のドアの窓まで
わざわざ寄《よ》って行く人
無表情だった　それぞれの顔に
笑《え》みが　浮《う》かんでいる

ボーッとしていた私も
つられるように　桜に　目を
そして　心のなかで
車掌さんに拍手《はくしゅ》を送った

都心の大動脈《だいどうみゃく》・中央線が
まるで

ローカル線のよう
春らんまん　春らんまん

緑の五月

萌黄色《もえぎ》
若草色《わかくさ》
若葉色《わかば》
若緑《わかみどり》
深緑《ふかみどり》
草色
抹茶色《まっちゃ》

緑　緑

見渡《みわた》すかぎり
緑のパッチワーク

枯色《かれいろ》から
あふれ　ひしめく
緑のなかまたち

陽《ひ》に照り輝《かがや》く
風が駈《か》けのぼる
雨に　洗《あら》われて
ああ！　育ちざかりの五月

母の日

そばにいる　お母さん
とおくにいる　お母さん
天にいる　お母さん

赤　黒　緑
色に　いろいろ
あるように

ちがった色が

たくさんあって
いいように

いろいろな　お母さんの
いろいろな　こどもの
母の日

カイツブリのひなたち

公園の池で　うまれた
カイツブリのひなたち
元気いっぱい
五わの　きょうだい

お母さんとお父さんのあとを
ちょろ　ちょろ　ついてまわる
水にもぐった　お母さんが
とってきた　えさを

ちゅ　ちゅ　たべて―

池には
ひなたちをねらう
ヘビや　カラスがいる
うまれ　育って
巣立ってゆくのは　命がけ

危険《きけん》と　となりあわせでも
厳《きび》しさと　せなかあわせでも
それが　生きるということ
教えてくれている

なまぬるい　人間の　わたしに
いくつもの危険　厳しさ
くぐりぬけ
巣立ってゆけ
この池の　新しいなかまたち

すずらんの実

白いお花の
帽子をかぶり
すずらん原っぱの
すずらんたちに
小さな緑の
実がなった

みどり
みどりん

みど
みどみどり
みーどりみーどり
みどりんりん

六月の風が
おしえてくれた
すずらんの実　みんな
おんなじにみえるけれど
ひとつ　ひとつ
ほんとは　名前が
あるんだよ　と

あめ　ふるふる

とん　とん
とんととん
ぱん　ぱん
ぱんぱぱん

あめ　ふる
あめ　ふる
あめ　ふるふる

やね　はな

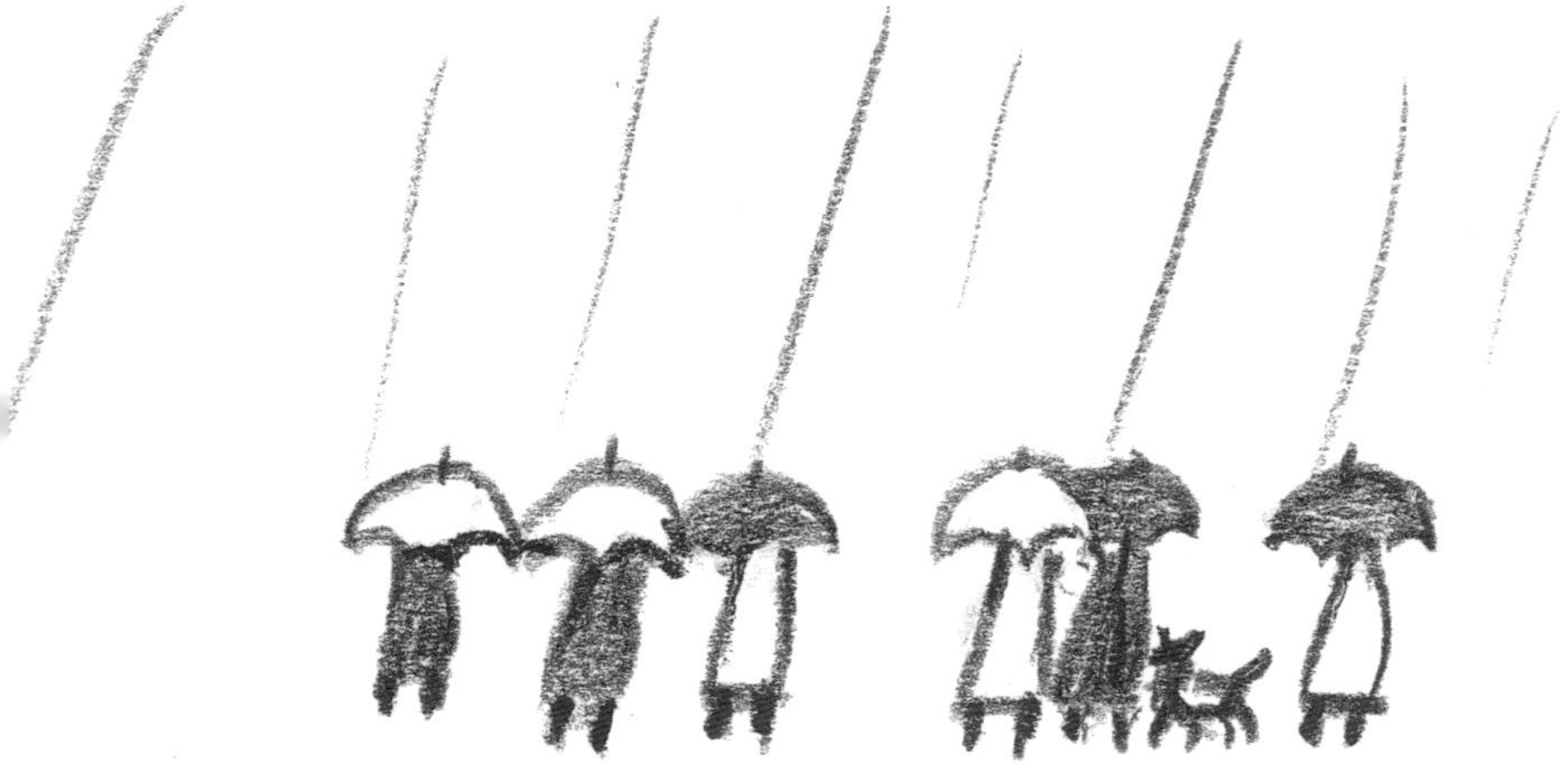

かさ　はっぱ
なんでも　たたいて

ぱら　ぱら
ぱらぱら

て　て
てててて

あめ　ふる
あめ　ふる
あめ　ふるふる

雨のタペストリー

しめしめ　しめしめ
ふる雨に

ぴぃぴぃ　ぴーよ
ちゅんちゅん　ちゅんちゅん
聞こえる　聞こえる

雨が　ふっても　鳴いている
聞こうとしなければ

聞こえない
雨に　消される　鳥の声

雨のタペストリー
鳥たちの　声のアクセント
ぴーちょり　ぴーちょり
いきいきと

純粋《じゅんすい》な魂《たましい》の持《も》ち主《ぬし》

もう一度　会いたい話したい
子どもに一度も怒《おこ》ったことのない
いまでも　尊敬《そんけい》しているお父さんに

私《わたし》のお父さんは　胸《むね》を患《わずら》い
肺活量《はいかつりょう》は　ふつうの人の$\frac{1}{3}$
短い距離《きょり》でも息があがり
もっぱら車が足だった

ふとん屋のおやじさんだった
お客さま第一の
誠実《せいじつ》な店主《てんしゅ》だった
そして　夜は　ひとりの部屋で
読んでいた　書いていた

生涯《しょうがい》　文学や哲学《てつがく》を愛《あい》する
純粋な魂の持ち主だった
そこが私は　好きだった
その血が　私に流れている
雲の上のお父さんの

花火

ドーンと　おなかに　響《ひび》く音
夜空に　ひらいた　三尺玉《さんじゃくだま》

つもり　つもった　うっぷんが
音と　光で　はじけてく

ドドーンと　つぎつぎ　轟《とどろ》く音
夜空に　ひらいた　スターマイン

なやみが　いさぎよく　ちってゆく
音と　光で　きえてゆく

ドーンと　からだを　揺《ゆ》する音
夜空に　ながれる　ナイアガラ

夜空を　いろどる　花火は
いま　私《わたし》の心で　ひらいてる

雨　やめたまえ

空を映《うつ》し
太陽に輝《かがや》き
おだやかに流れる川
その鏡《かがみ》のような川の平和を
切り裂《さ》く豪雨《ごうう》　台風
あふれた泥色《どろいろ》の水が
木を　田畑を　集落《しゅうらく》を

狂《くる》ったように飲みこむ

池に　湖に　海に
激《はげ》しい雨に支配《しはい》された川は
時間を味方《みかた》に
どんどん肥大《ひだい》し　化《ば》けてゆく

いのち　からがら
避難《ひなん》する人たちに
恐怖《きょうふ》をたたみかけて――

雨よ　あがれ

川よ　しずまれ
一刻《いっこく》も早く戻《もど》れ　元の平穏《へいおん》に

鎌倉幕府《かまくらばくふ》三代将軍《しょうぐん》
源実朝《みなもとのさねとも》の魂《たましい》が
切せつと　よみがえる
「八王龍王《はちおうりゅうおう》雨やめたまへ《え》」

きゅうりの馬に乗ってくる

「おじいちゃんが
帰ってくるんだよ」
お盆《ぼん》が近づくと
おばあちゃんは言った

仏壇《ぶつだん》をそうじし
もみがらの足をつけた
きゅうりの馬《うま》
なすの牛を供《そな》える

ぶどう　桃《もも》　梨《なし》　ほおずき
みるみる仏壇がにぎやかになる

ほんとうに帰ってくる
この家に　帰ってくる
私《わたし》の生まれる前に
亡《な》くなったおじいちゃんが

姿《すがた》かたちはなくても
信《しん》じられた
きびきびとお盆の準備《じゅんび》をする
おばあちゃんから

きゅうりの馬に乗ってきて
なすの牛に乗って帰るという
おじいちゃん

家のなかの　空気が変わる

夏が去る

ツクツク法師《ぼうし》の
オーシーツクツク　甲《かん》高い声が
夏のおわりを　告《つ》げている

カネタタキの
チン　チン　しみいる音《ね》が
秋のはじめを　知らせてる

日暮《ひぐ》れは日ごとに　早くなり

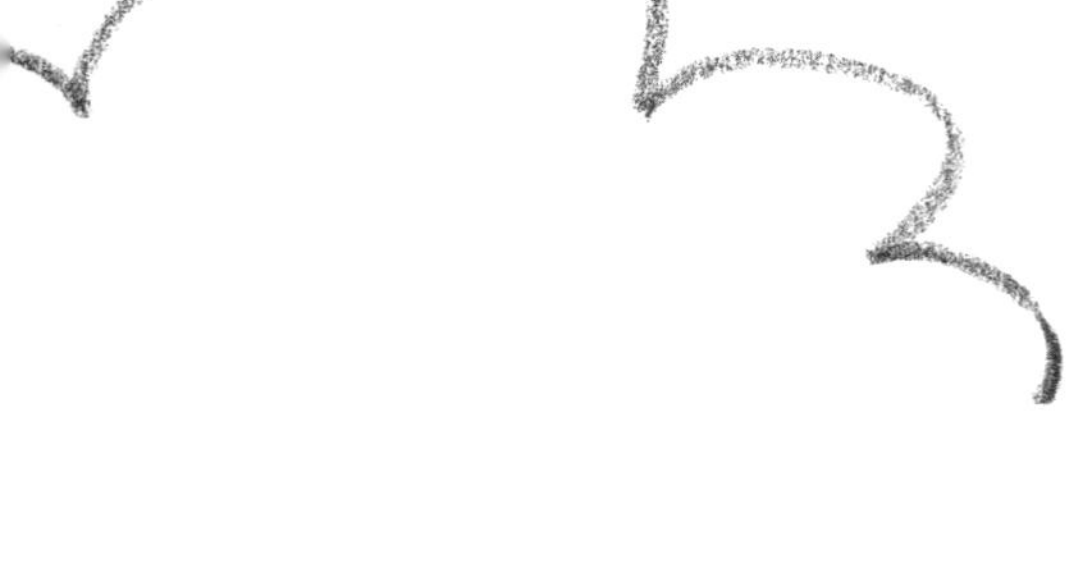

日の出は日ごとに　遅《おそ》くなり
ああ　八月が
夏がまもなく　去ってゆく
さびしさにじむ　胸《むね》のうちに
秋がこっそり　しのびこむ

ハナミズキの赤い実

ハナミズキの赤い実
つややかな　赤い実

ワインレッドに
ほろ酔《よ》いだした
葉と葉のあいだに
かくれるように

まだ夏が残る

秋のはじめに
ひと足先に
充実《じゅうじつ》の秋へ

赤い実　実の赤
こころに灯《とも》る
私《わたし》も　迎《むか》える
充実の秋を

月とふたり

遠くはなれた
ふたりが
夜空の下で
おなじ　ひとつの
月をみる

月の光は
照《て》らしてる
ふたり　それぞれの

胸《むね》のうちを
そして　見守る
夜空から
ふたり　ひとつの
行く末を

静かに月は
紡《つむ》いでる
会えないふたりの
濃《こ》い時間

石焼きいも

つるべ落としの
日が暮《く》れると
どこからともなく
あの声が
「石焼きいもー　おいもー」

おじさんの声は
遠くても
耳は吸《す》いつく

ぴったりと
ほくほく焼きいも
石焼きいも
秋の恋《こい》しい
素朴《そぼく》な味

声がすぐそこ
駈《か》けてゆく
「おじさん　ほっこり
甘《あま》いのね」

ぶどう

シャン　シャン　シャインマスカット
ピオ　ピオ　たねなしピオーネ

その名を　よんだとき
魔法《まほう》に　かかってしまいます
きみどりの　ぶどう
むらさきの　ぶどう
ころんと　口にいれると
甘いしずく　秋の宝石《ほうせき》

きょほ　きょほ　巨峰《きょほう》
かい　かい　甲斐路《かいじ》

その名から　山のみえる
ぶどう園を　思い出します
家族で　行った
秋の　ぶどう狩《が》り
ぱちんと　はさみで切った
思い出光る　秋の宝石

ああいえばよかった

ああいえばよかった
あいうえお

こうもかけたか
かきくけこ

すぎたとしりりしり
さしすせそ

たちどまったまま
たちつてと

なにをいまさら
なにぬねの

ふっきってほら
はひふへほ

まえをむきましょ
まみむめも

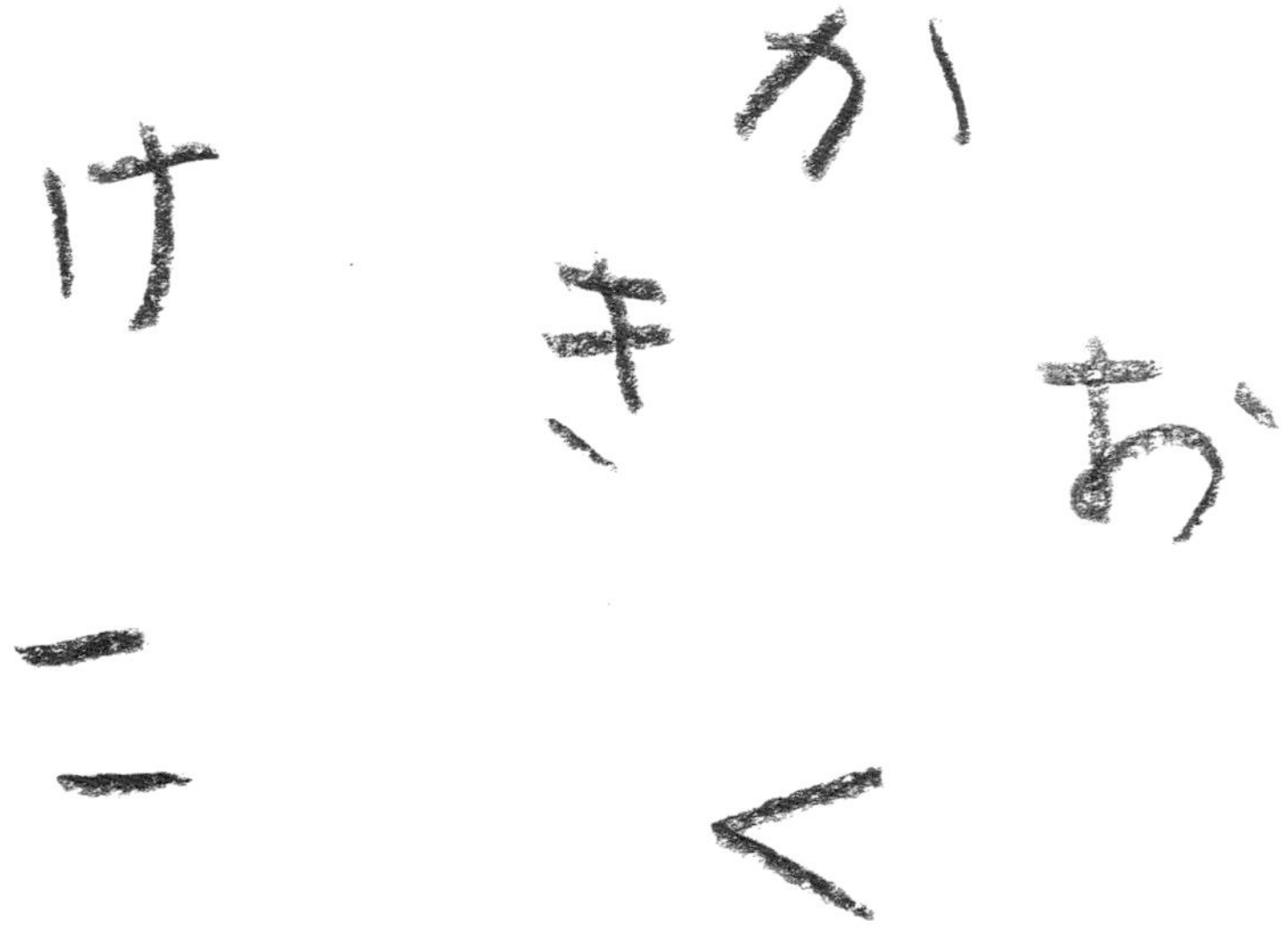

やるぞゆうきよ
やいゆえよ

りんとそらみろ
らりるれろ

わたしをしんじて
わいうえを
ん

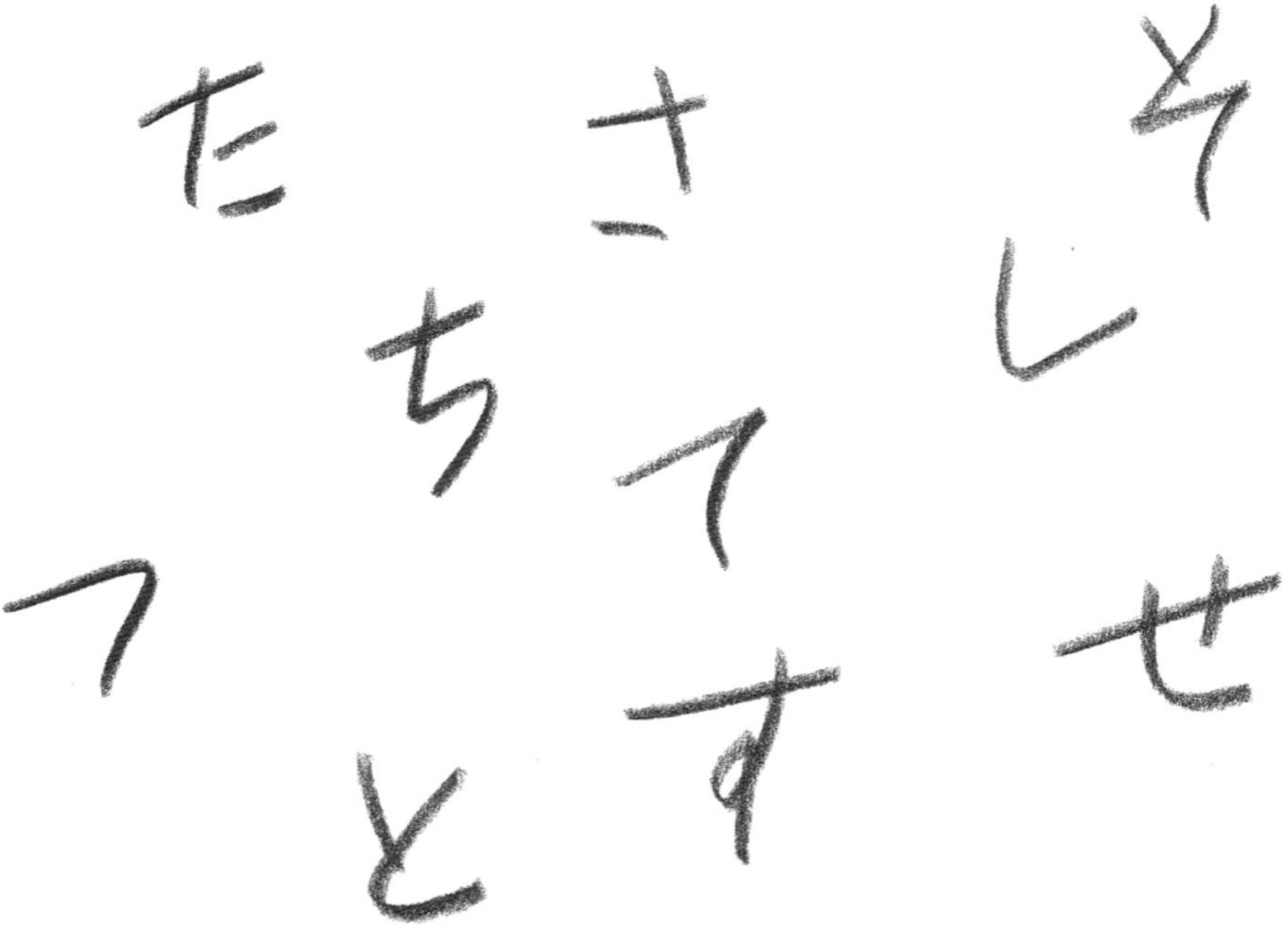

な
ね
へ

に
ひ
ほ

の
ぬ
は

ふ

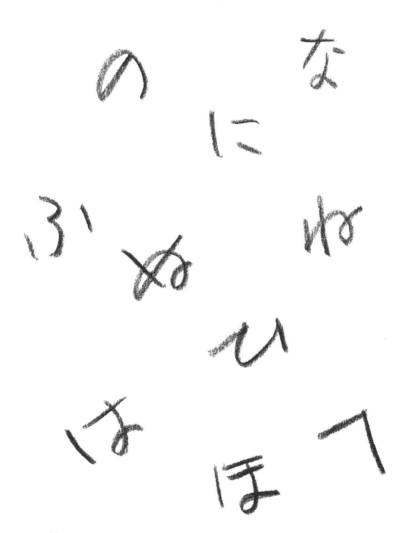

心にキス

心に　キズは
心に　キスへ

心が　ズキは
心が　スキへ

心は　スッキリ
心よ　スッキリ

いつの日か

コスモス

きょう　私《わたし》は
風になる
コスモスゆらす
秋の風に

風のつぎは
光になる
コスモスすきとおる
秋の光に

光のそのつぎ
青空に
コスモス映《は》える
秋の空に

野にある野にさく
コスモスの
澄んだ美しさ
引き出して

さあ
きょう　私は

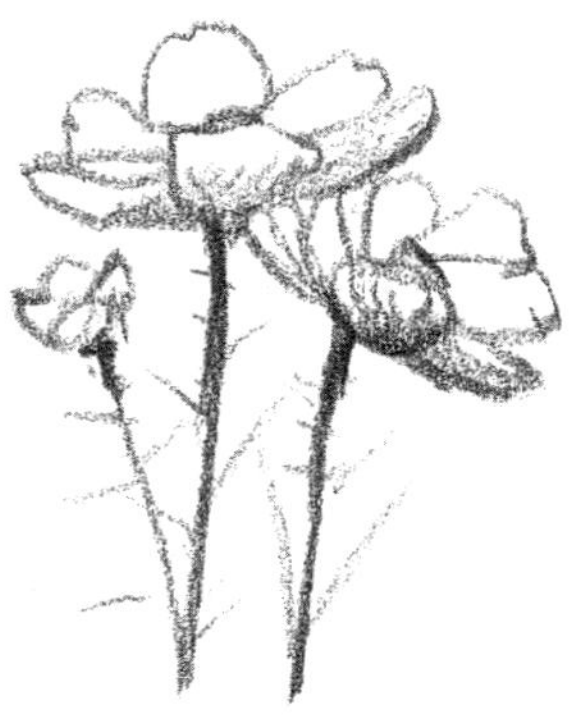

ラクウショウの秋

空へのびる木
ラクウショウ
秋は　魅惑《みわく》の
れんが色

空とかたらう
ラクウショウ
哲学者《てつがくしゃ》か
吟遊詩人《ぎんゆうしじん》

空からおとす
ラクウショウ
鳥の羽《はね》に似《に》た
やさしい葉

空へとばす
ラクウショウ
内に秘《ひ》めてる
木のおもい

・ラクウショウ
北米原産の針葉樹
落葉高木
水辺など湿気の多い場所で育つ

名のる

黄に　赤に
色づいた山の
一本一本の木が
一本　一本
〈わたし〉
と　名のってる

緑のころは
ひとまとめに

〈山の木〉
で　あったのが

緑の　無名から
個性《こせい》ある　〈わたし〉へ
美しく名のって
地に　かえる

山の　空気をまとった
〈わたし〉
の　声を　聴《き》く

すずらんの赤い実

赤い実　なんの実
すずらんの実
ことし最後《さいご》の
三つの実

ひょろひょろか細い
茎《くき》の先に
いまにも落ちそうに
ぽっつりと

まっ赤なこの実に

なるまでに
雨風どれだけ
うけただろ

ほろほろ落ちてく
実のなかで
今日ここにある
まさに奇跡《きせき》

らんらんすずらん
まっ赤な実
暦《こよみ》にまもなく
冬が立つ

図書館でキュキュッ

玄関《げんかん》をはいれば
何万冊《さつ》もの本が
いっせいに　迎《むか》えてくれる

どれを読んでもいい
何を借《か》りてもいい
何時間すごしてもいい
赤ちゃんからお年寄《としよ》りまで
だれにでも　開かれている

ここは　身近な地域《ちいき》の書斎《しょさい》
古今東西《ここんとうざい》ジャンルを超《こ》え
文化の香《かお》りに満《み》ちあふれた
とっておきの場所

でかけてみませんか
「知る」と「感じる」が
キュキュッと　磨《みが》かれる
図書館へ

少女とぼろぼろの文庫本《ぶんこぼん》

平日の遅《おそ》い朝の電車
制服《せいふく》の少女がすわっていた
カバーをはずした
ぼろぼろの文庫本を読みながら

向かい側の席《せき》の私《わたし》
　小説《しょうせつ》？　エッセー？
　何読んでいるの？
声をかけたい気持ちに駆《か》られた

スマートフォンの操作《そうさ》が　いまや
当たり前の車内風景《ふうけい》
ぼろぼろの文庫本と
十代の少女の組み合わせが
新鮮《しんせん》で　私《わたし》を釘《くぎ》づけにする

少女をそこまで
夢中《むちゅう》にさせるのは　何？
スマートフォンより
友だちとのやりとりより
一ページ　一ページ　紙をめくる

考える時間を与《あた》えてくれることばで
書かれた本　文庫の魅力《みりょく》
少女のこたえが知りたい

同じ駅で下車し
学校へと急いでゆく少女
背中《せなか》をまぶしく見送りながら
ぼろぼろになるまで
文庫本を読もう！
朝陽の中を私もまっすぐに歩いていった

紙

紙は　人の気持ちを
受け止める

かなしさ　うれしさ
むなしさ　苦しさ
人が　ペンを持てば
どんな気持ちでも

人　まるごと

受け止める
ピンチを　救《すく》う
頼《たの》もしい味方《みかた》にも

紙に　受け止められ
心が立ちあがる

あのね

あのね
の「ね」の
「ね」のあとに
きいてほしい
きもちが
ある

しってほしい

ねがいが
ある

あのね
わたし
ほんとはね…

ほんとは
あのね
「ね」のあとに

ベンチ

ここに　すわってください
ひと休みしていってください
風にふかれ
空をながめ
目をとじたら
どんな音がきこえますか
深《しん》呼《こ》吸《きゅう》を

ひとぉつ　ふたぁつ
ゆっくり　じぶんに
かえってください

わたしは　いつでも
ここに　います
ここで　あなたを
待《ま》っています

あなたが　ひととき
休んでいってくださるのを

窓《まど》をふく

窓を　ふく

ほこりや　よごれの
こびりついた窓を
水とぞうきんで　黙々《もくもく》と

「きれいになれ」
この一点だけに　集中《しゅうちゅう》して

窓の向こうの　青空が
青く　輝《かがや》きだす
陽の光は　澄《す》んだ金色に

なんだろう　このよろこび
なんだろう　このすがすがしさ
「ふく」動作が
こころに　直結《ちょっけつ》している
こころの窓も　ふいている

おばあちゃんの出番

「おばあちゃんのなます
また食べたいな」
「おばあちゃんの生ける
お正月のお花がないと
お正月ではないね」
歳末《さいまつ》が近づくと
家族のだれからともなく
声がでる

おばあちゃんにしか
だせない味
生けられない正月の花
家族みんなが待《ま》っている

料理のプロではない
お花の先生でもない
明治《めいじ》　大正《たいしょう》　昭和《しょうわ》　平成《へいせい》と生きた
おばあちゃんの手が作り出すもの
家族みんなを　しあわせにする

「昔者《むかしもの》の　いなか者だよ」
茶目《ちゃめ》っ気《け》たっぷり言うけれど
おばあちゃんの出番よ

ヤツデの花

にぎやかに
こぶしをあげ
白い　こぶしをあげ
ヤツデの花たちが
年の暮《く》れに　勢《せい》ぞろい
元気に

こぶしをあげ
小さな　こぶしをあげ
ヤツデの花たちが
新しい年へ　向かってる
みんなで　前へ
そろって　前へ
レッツ　ゴーゴーゴー

ひとりではない

きみが　ひとり　苦しんでいても
黙《だま》って　ひとり　闘《たたか》っていても

太陽が　みている
月が　みている
きみのことを

空が　みている
木も　みている

きみのことを

きみの　知らないところで
きみを　みているものがある
視線《しせん》を　あげてごらん

ひとりでいても
決して　きみは
ひとりではないんだよ

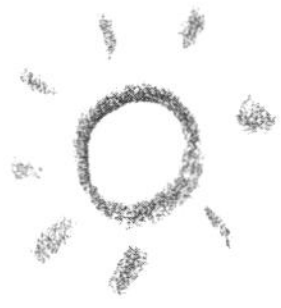

空はともだち

坂道をのぼりきると
まっ青に澄《す》んだ
空が　まっていた

空は
白い雲をあそばせ
のびのびしている

と

「おーい　さちこさーん」
空が　よびかけてくる

立ち止まり
まぶしく見上げ
「おーい　そらー」

こだましあう
空は　ともだち
澄んだ青さに
私《わたし》　染《そ》まってた

あとがき

詩の講師を図書館でやった時、アンケート用紙に次のような感想がありました。

「ピュアな時間をありがとう」

はっとし、何度も心に刻みました。

私たちは忙しい日々を過ごしています。忙しい日々の流れに流されていきます。そのなかでピュア（純粋）であるには、何が必要でしょうか。三つ考えられます。
①立ち止まる　②ひとりの時間を大切にする　③自分をみつめ、考える
一日のうちの、わずかな時間でも立ち止まり、ひとりになって、ひとりの時間を大切にする。自分をみつめ、自分の頭で考える。それがピュアな、しかも楽しい時間となり、その結晶として、詩や文章が生まれると。

冒頭の感想のかたは、ほんの少しでも忙しい日常を離れて立ち止まり、日頃見失っていた、ささやかな喜びと出会えたのでしょう。詩が心に届いた時間。私こそありがとうです。

さて、そのピュアな時間からうまれた第五詩集『空の日』。そのうち「中央線の『桜』」「少女とぼろぼろの文庫本」は、朝日新聞「声」に掲載された文章が元にあります。

絵は、十代から好きな、絵本作家で画家、詩人の葉祥明さんです。繊細で美しい空や風景を、やさしい色合いで描く葉祥明さん。まだ詩集を出さない頃、北鎌倉（神奈川県）の葉祥明美術館を訪れては、今後のことを、詩集やエッセーなどを読んで対話していました。だから夢の実現です。うれしさいっぱい。心からありがとうございました。

詩集名づけ親で、すてきなアイディアをくださった、編集長柴崎俊子さん、質の良い本へと手助けしてくださった西野真由美さん、五冊目もほんとうにありがとうございました。

どうぞひととき立ち止まり、『空の日』を手にしたひとりの時間を楽しんでください。

二〇一八年　光の春

林　佐知子

詩・林　佐知子（はやし　さちこ）

1958年東京都生まれ。1982年発行ジュニアポエム双書11『枯れ葉と星』高田敏子詩集を読んで、いつか子どもにもおとなにもわかる詩を書きたい気持ちが芽生える。

1997年作家清川　妙氏講師「心を伝える手紙とは」（朝日カルチャーセンター通信講座）第１期受講。

1998年童謡詩人もり・けん氏講師「童謡詩を書く」（朝日カルチャーセンター通信講座）受講。同人。

小学生の子どもたちとの楽しい詩の授業を通して、子どもたちから感性の鋭さや輝き、考える深さや豊かさを教えてもらう。ことに前作『きょうという日』のなかの「まるくなれ」という詩では、教室から地球、宇宙へと広く深く詩の世界をひろげることができた。それはまるで、子どもたちと一緒に詩の旅をしているような感覚だった。

著書に『きょうという日』（ジュニアポエム173)、『天にまっすぐ』（ジュニアポエム189)、『春はどどど』（ジュニアポエム207)、『この空につながる』（ジュニアポエム230）ともに銀の鈴社。

絵・葉 祥明（よう しょうめい）

1946年　熊本市に生まれる
1990年　創作絵本「風とひょう」ボローニャ国際児童図書展グラフィック賞
1991年　北鎌倉に葉祥明美術館
2002年　葉祥明阿蘇高原絵本美術館

葉 祥明美術館
〒247-0062　神奈川県鎌倉市山ノ内318-4
Tel. 0467-24-4860　年中無休　10：00～17：00

葉 祥明阿蘇高原絵本美術館
〒869-1404　熊本県阿蘇郡南阿蘇村河陽池ノ原5988-20
Tel. 0967-67-2719　年中無休　10：00～17：00

NDC911
神奈川　銀の鈴社　2018
96頁　21cm（空の日）

ジュニアポエムシリーズ　277　　2018年3月20日初版発行
本体1,600円＋税

空の日

著　者　　林　佐知子 ©　絵・葉　祥明 ©
発行者　　柴崎聡・西野真由美
編集発行　㈱銀の鈴社 TEL 0467-61-1930　FAX 0467-61-1931
〒248-0017 神奈川県鎌倉市佐助 1-10-22 佐助庵
http://www.ginsuzu.com
E-mail info@ginsuzu.com

ISBN978－4－86618－038－0 C8092　　印刷　電算印刷
落丁・乱丁本はお取り替え致します　　製本　渋谷文泉閣

…ジュニアポエムシリーズ…

1 鈴木敏史詩集 宮下琢郎・絵 星の美しい村 ★☆
2 小池知子詩集 高志孝子・絵 おにわいっぱいぼくのなまえ ★☆
3 鶴岡千代子詩集 武田淑子・絵 白い虹 児文芸新人賞
4 楠木しげお詩集 久保雅勇・絵 カワウソの帽子
5 津坂治男詩集 垣内美穂・絵 大きくなったら ★◇
6 後藤れい子詩集 山本まつ子・絵 あくたれぼうずのかぞえうた
7 北村蔦子詩集 柿本幸造・絵 あかちんらくがき
8 吉田瑞穂詩集 吉田翠・絵 しおまねきと少年 ★⌺◎
9 新川和江詩集 葉祥明・絵 野のまつり ★☆
10 阪田寛夫詩集 織茂恭子・絵 夕方のにおい ★◈○☆
11 高田敏子詩集 若山憲・絵 枯れ葉と星 ★☆
12 原田直友詩集 吉田翠・絵 スイッチョの歌 ★◎
13 小林純一詩集 久保雅勇・絵 茂作じいさん ★◉●☆◎
14 長谷川俊太郎詩集 長新太・絵 地球へのピクニック ★◎
15 与田準一詩集 深沢省三・深沢紅子・絵 ゆめみることば ★

16 岸田衿子詩集 中谷千代子・絵 だれもいそがない村
17 江間章子詩集 榊原直美・絵 水と風 ◇◎
18 原田直友詩集 小野まり・絵 虹―村の風景― ★
19 福田正夫詩集 福田達夫・絵 星の輝く海 ★☆
20 草野心平詩集 長野ヒデ子・絵 げんげと蛙 ★☆○◇
21 宮田滋子詩集 青木まさる・絵 手紙のおうち ☆○
22 久保田昭三詩集 斎藤彬子・絵 のはらでさきたい
23 鶴岡千代子詩集 加倉井和夫・武田淑子・絵 白いクジャク ★●
24 尾上尚子詩集 まど・みちお・絵 そらいろのビー玉 ★☆ 児文協新人賞
25 水上紅詩集 深沢紅子・絵 私のすばる ☆
26 野呂昶詩集 福島一二三・絵 おとのかだん ★
27 こやま峰子詩集 武田淑子・絵 さんかくじょうぎ ☆
28 青戸かいち詩集 駒宮録郎・絵 ぞうの子だって
29 まきたかし詩集 福田達夫・絵 いつか君の花咲くとき ★☆♡
30 薩摩忠詩集 駒宮録郎・絵 まっかな秋 ★☆♡

31 新川和江詩集 福島一二三・絵 ヤァ!ヤナギの木 ★☆○♡
32 井上靖詩集 駒宮録郎・絵 シリア沙漠の少年 ★☆♡
33 古村徹三詩・絵 笑いの神さま
34 江上波夫詩集 青空風太郎・絵 ミスター人類 ○☆
35 秋原秀夫詩集 鈴木義治・絵 風の記憶 ★◎
36 水村三千夫詩集 武田淑子・絵 鳩を飛ばす
37 久冨純江詩集 渡辺安芸夫・絵 風車 クッキングポエム
38 日野生三詩集 吉野晃希男・絵 雲のスフィンクス ★
39 佐藤雅子詩集 佐藤太清・広瀬きよみ・絵 五月の風 ★
40 小黒恵子詩集 武田淑子・絵 モンキーパズル ★
41 木村信子詩集 山本典子・絵 でていった
42 中野栄子詩集 吉田翠・絵 風のうた ☆
43 宮田滋子詩集 牧村慶子・絵 絵をかく夕日 ★
44 大久保ティ子詩集 渡辺安芸夫・絵 はたけの詩 ★☆
45 秋原秀夫詩集 赤星亮衛・絵 ちいさなともだち ♥

☆日本図書館協会選定（2015年度で終了）　●日本童謡賞　♧岡山県選定図書　◇岩手県選定図書
★全国学校図書館協議会選定（SLA）　♡日本子どもの本研究会選定　◆京都府選定図書
□少年詩賞　■茨城県すいせん図書　♥秋田県選定図書　⌺芸術選奨文部大臣賞
○厚生省中央児童福祉審議会すいせん図書　♣愛媛県教育会すいせん図書　◉赤い鳥文学賞　◈赤い靴賞

…ジュニアポエムシリーズ…

46 日友靖子詩集 藤城清治・安西明美・絵 猫曜日だから ◆☆
47 秋葉てる代詩集 武田淑子・絵 ハープムーンの夜に ♡
48 こやま峰子詩集 山本省三・絵 はじめのいーっぽ ★♡
49 黒柳啓子詩集 金子滋・絵 砂かけ狐 ♡
50 三枝ますみ詩集 武田淑子・絵 ピカソの絵 ☆♡●
51 夢虹二詩集 武田淑子・絵 とんぼの中にぼくがいる ♡○♥
52 はたちよしこ詩集 まど・みちお・絵 レモンの車輪 □♧
53 大岡信詩集 葉祥明・絵 朝の頌歌 ★☆♡♥◎
54 吉田瑞穂詩集 吉田翠・絵 オホーツク海の月 ★☆♡
55 さとう恭子詩集 村上保・絵 銀のしぶき ★☆♡
56 星乃ミミナ詩集 葉祥明・絵 星空の旅人 ★☆♡
57 葉祥明 詩・絵 ありがとう そよ風 ★♡▲
58 青戸かいち詩集 初山滋・絵 双葉と風
59 小野ルミ詩集 和田誠・絵 ゆきふるるん ★☆●♡
60 なぐもはるき 詩・絵 たったひとりの読者 ★♡♧
61 小関秀夫詩集 小倉玲子・絵 風《かざ》栞《しおり》 ★♡♥
62 海沼松世詩集 守下さおり・絵 かげろうのなか ☆♡
63 山本龍生詩集 小倉玲子・絵 春行き一番列車 ♡
64 小泉周二詩集 深沢省三・絵 こもりうた ★☆♡
65 かわてせいぞう詩集 若山憲・絵 野原のなかで ♡★♥
66 えぐちまき詩集 赤星亮衛・絵 ぞうのかばん ♡◆♥
67 池田あきつ詩集 小倉玲子・絵 天気雨 ♡
68 藤井則行詩集 君島美知子・絵 友へ ♡♤
69 藤哲生詩集 武田淑子・絵 秋いっぱい ★♠
70 日友靖子詩集 深沢紅子・絵 花天使を見ましたか ★
71 吉田瑞穂詩集 吉田翠・絵 はるおのかきの木 ★
72 小島禄琅詩集 中村陽子・絵 海を越えた蝶 ☆★♥♡
73 にしおまさこ詩集 杉田幸子・絵 あひるの子 ★
74 山下竹二詩集 徳田徳志芸・絵 レモンの木 ★
75 高崎乃理子詩集 奥山英俊・絵 おかあさんの庭 ★♡
76 檜きみこ詩集 広瀬弦・絵 しっぽいっぽん ★●□☆♡
77 たかはしけいこ詩集 高田三郎・絵 おかあさんのにおい ♡♣□
78 星乃ミミナ詩集 深澤邦朗・絵 花かんむり ♥☆♡
79 佐藤照雄詩集 津波信久・絵 沖縄 風と少年 ☆♡★
80 相馬梅子詩集 やなせたかし・絵 真珠のように ♥★
81 小島禄琅詩集 深沢紅子・絵 地球がすきだ ★
82 鈴木美智子詩集 黒澤梧郎・絵 龍のとぶ村 ◇★♥
83 いがらしれいこ詩集 高田三郎・絵 小さなてのひら ☆
84 宮入黎子詩集 小倉玲子・絵 春のトランペット ☆★
85 下田喜久美詩集 方振寧・絵 ルビーの空気をすいました ☆
86 野呂昶詩集 方振寧・絵 銀の矢ふれふれ ★
87 ちよはらまちこ詩集 ちよはらまちこ・絵 パリパリサラダ ★
88 秋原秀夫詩集 徳田徳志芸・絵 地球のうた ☆★
89 中島あやこ詩集 井上緑・絵 もうひとつの部屋 ★
90 藤川こうのすけ詩集 葉祥明・絵 こころインデックス ☆

✽サトウハチロー賞　✣毎日童謡賞
☼三木露風賞
♤福井県すいせん図書
▲神奈川県児童福祉審議会推薦優良図書
♠奈良県教育研究会すいせん図書
✧北海道選定図書　❀三越左千夫少年詩賞
◇静岡県すいせん図書
◎学校図書館図書整備協会選定図書（SLBA）

…ジュニアポエムシリーズ…

△長野県教育委員会すいせん図書　✡㈶日本動物愛護協会推薦図書
◈茨城県推奨図書

…ジュニアポエムシリーズ…

- 136 秋葉てる代詩集 やなせたかし・絵 おかしのすきな魔法使い ●★
- 137 青戸かいち詩集 永田萠・絵 小さなさようなら ❀★
- 138 柏木恵美子詩集 高田三郎・絵 雨のシロホン ♡★
- 139 藤井則行詩集 阿見みどり・絵 春だから ♡★◎
- 140 黒田勲子詩集 山中冬児・絵 いのちのみちを
- 141 南郷芳明詩集 的場豊子・絵 花時計
- 142 やなせたかし詩・絵 生きているってふしぎだな
- 143 内田麟太郎詩集 斎藤隆夫・絵 うみがわらっている
- 144 しまざきふみ詩集 島崎奈緒・絵 こねこのゆめ ♡
- 145 糸永えつこ詩集 武井武雄・絵 ふしぎの部屋から ♡
- 146 石坂きみこ詩集 鈴木英二・絵 風の中へ ♡
- 147 坂本のこ詩集 坂本こう・絵 ぼくの居場所 ♡
- 148 島村木綿子詩・絵 森のたまご ❀
- 149 楠木しげお詩集 わたせせいぞう・絵 まみちゃんのネコ ★
- 150 牛尾良子詩集 上矢津・絵 おかあさんの気持ち ♡
- 151 三越左千夫詩集 阿見みどり・絵 せかいでいちばん大きなかがみ ★
- 152 水村三千夫詩集 高見八重子・絵 月と子ねずみ
- 153 川越文子詩集 横松桃子・絵 ぼくの一歩 ふしぎだね ★
- 154 すずきゆかり詩集 葉祥明・絵 まっすぐ空へ
- 155 西田純詩集 葉祥明・絵 木の声 水の声
- 156 清野倭文子詩集 水科舞・絵 ちいさな秘《ひ》密《みつ》
- 157 川奈静詩集 直江みちる・絵 浜ひるがおはパラボラアンテナ ★◎
- 158 若木良水詩集 西真里子・絵 光と風の中で
- 159 牧陽子詩集 渡辺あきお・絵 ねこの詩 ★◎
- 160 宮田滋子詩集 阿見みどり・絵 愛一輪 ★◎
- 161 井上灯美子詩集 唐沢静・絵 ことばのくさり ☆●
- 162 滝波万理子詩集 滝波裕子・絵 みんな王《おう》様《さま》 ★●
- 163 冨岡みち詩集 関口コオ・絵 かぞえられへん せんぞさん ★
- 164 垣内磯子詩集 辻恵子・切り絵 緑色のライオン ★◎
- 165 すぎもとれいこ詩集 平井辰夫・絵 ちょっといいことあったとき ★
- 166 岡田喜代子詩集 おぐらひろかず・絵 千年の音 ★☆◎
- 167 川奈静詩集 直江みちる・絵 ひもの屋さんの空 ★◎☆♥♡
- 168 鶴岡千代子詩集 武田淑子・絵 白い花火 ★☆
- 169 井上灯美子詩集 唐沢静・絵 ちいさい空をノックノック ★◎☆
- 170 尾崎杏子詩集 ひなた山すじゅう郎・絵 海辺のほいくえん ☆♡★◎
- 171 柘植愛子詩集 やなせたかし・絵 たんぽぽ線路 ☆♡★◎●
- 172 小林比呂古詩集 うめざわのりお・絵 横須賀スケッチ ☆★◎♡▲
- 173 林佐知子詩集 串田敦子・絵 きょうという日 ☆★◎♡▲
- 174 後藤基宗子詩集 岡澤由紀子・絵 風とあくしゅ ☆♥★◎♡
- 175 土屋律子詩集 高瀬のぶえ・絵 るすばんカレー ☆♡★◎▲
- 176 三輪アイ子詩集 深沢邦朗・絵 かたぐるましてよ ★☆♡
- 177 田辺瑞美子詩集 西真里子・絵 地球賛歌 ☆★◎
- 178 高瀬美代子詩集 小倉玲子・絵 オカリナを吹く少女 ☆♡
- 179 中野惠子詩集 串田敦子・絵 コロポックルでておいで ★♡☆●
- 180 松井節子詩集 阿見みどり・絵 風が遊びにきている ★☆♡▲

…ジュニアポエムシリーズ…

181 新谷智恵子詩集・徳田徳志芸・絵　とびたいペンギン　佐世保文学賞 ♡★◎▲
182 牛尾良子詩集・牛尾征治・写真　庭のおしゃべり　♡★◎
183 三枝ますみ詩集・髙見八重子・絵　サバンナの子守歌　☆★
184 佐藤雅子詩集・佐藤太清・菊池治子・絵　空の牧《まき》場《ば》　☆★♡■◎◈
185 山内弘子詩集・おぐらひろかず・絵　思い出のポケット　♡★●
186 山内弘子詩集・阿見みどり・絵　花の旅人　♡★▲
187 原国子詩集・牧野鈴子・絵　小鳥のしらせ　♡★△◎
188 人見敬子詩・絵　方《はこ》舟《ぶね》地球号 —いのちは元気—　♡★◎
189 林佐知子詩集・串田敦子・絵　天にまっすぐ　★☆♡◎
190 小臣富子詩集・渡辺あきお・絵　わんさかわんさかどうぶつさん　✡♡★◎
191 川越文子詩集・かまだちえみ・写真　もうすぐだからね　♡★◎
192 永田喜久男詩集・武田淑子・絵　はんぶんごっこ　☆★◎♡
193 吉田房子詩集・大和田明代・絵　大地はすごい　★◎♡
194 石井春香詩集・髙見八重子・絵　人魚の祈り　★♡
195 石原一輝詩集・小倉玲子・絵　雲のひるね　♡
196 たかはしけいこ詩集・髙橋敏彦・絵　そのあと ひとは　★
197 宮田滋子詩集・おおた慶文・絵　風がふく日のお星さま　★♡◎
198 渡辺恵美子詩集・つるみゆき・絵　空をひとりじめ　★♡●
199 宮中雲子詩集・西真里子・絵　手と手のうた　★
200 杉本深由起詩集・太田大八・絵　漢字のかんじ　★♡✲
201 井上灯美子詩集・唐沢静・絵　心の窓が目だったら　★♡
202 峰松晶子詩集・おおた慶文・絵　きばなコスモスの道　★♡
203 高橋文子詩集・山中桃子・絵　八丈太鼓　★♡
204 長野貴子詩集・武田淑子・絵　星座の散歩　★♡
205 江口正子詩集・髙見八重子・絵　水の勇気　♡☆★
206 藤本美智子詩・絵　緑のふんすい　☆♡★
207 林佐知子詩集・串田敦子・絵　春はどどど　♡★◎
208 小関秀夫詩集・阿見みどり・絵　風のほとり　☆♡★
209 宗美津子詩集・宗信寛・絵　きたのもりのシマフクロウ　♡★
210 かわてせいぞう詩集・髙橋敏彦・絵　流れのある風景　☆♡★
211 土屋律子詩集・高瀬のぶえ・絵　ただいまぁ　★♡☆◎
212 永田喜久男詩集・武田淑子・絵　かえっておいで　☆♡★
213 みたみちこ詩集・牧進・絵　いのちの色　♡★
214 糸永えつこ詩集・糸永わかこ・絵　母です 息子です おかまいなく　♡☆★
215 宮田滋子詩集・武田淑子・絵　さくらが走る　♡☆★●
216 柏木恵美子詩集・吉野晃希男・絵　ひとりぼっちの子クジラ　♡★◎
217 江口正子詩集・髙見八重子・絵　小さな勇気　♡☆★
218 井上灯美子詩集・唐沢静・絵　いろのエンゼル　★♡
219 中島あやこ詩集・日向山寿十郎・絵　駅伝競走　★☆♡
220 高橋孝治詩集・髙見八重子・絵　空の道 心の道　★♡
221 江口正子詩集・日向山寿十郎・絵　勇気の子　♡☆★
222 宮田滋子詩集・牧野鈴子・絵　白鳥よ　☆★
223 井上良子詩集・銅版画　太陽の指環　★
224 川越文子詩集・山中桃子・絵　魔法のことば　♡☆★
225 西本みさこ詩集・上司かのん・絵　いつもいっしょ　☆♡

…ジュニアポエムシリーズ…

226 おばらいちこ詩集 高見八重子・絵 ぞうのジャンボ ☆★♡
227 吉田房子詩集 本田あまね・絵 まわしてみたい石臼 ★♡
228 吉田房子詩集 阿見みどり・絵 花詩集 ★♡◎
229 田中たみ子詩集 唐沢静・絵 へこたれんよ ★◎
230 林佐知子詩集 串田敦子・絵 この空につながる ★♡
231 藤本美智子 詩・絵 心のふうせん ★♡
232 火星雅範詩集 西川律子・絵 ささぶねうかべたよ ★♡▲
233 吉田房子詩集 岸田歌子・絵 ゆりかごのうた ★♡
234 むらかみみちこ詩集 むらかみみちこ・むらかみあくる・絵 風のゆうびんやさん ★♡
235 白谷玲花詩集 阿見みどり・絵 柳川白秋めぐりの詩 ★♡
236 ほさかとしこ詩集 内山つとむ・絵 神さまと小鳥 ★☆♡
237 内田麟太郎詩集 長野ヒデ子・絵 まぜごはん ☆★◎♡▲
238 小林比呂古詩集 出口雄大・絵 きりりと一直線 ♡★
239 牛尾良子詩集 おぐらひろかず・絵 うしの土鈴とうさぎの土鈴 ★◎♡
240 山本純子詩集 ルイコ・絵 ふふふ ★♡☆◎

241 神田亮 詩・絵 天使の翼 ★☆♡
242 かんざわみえ詩集 阿見みどり・絵 子供の心大人の心さ迷いながら ☆★◎▲
243 永田喜久男詩集 内山つとむ・絵 つながっていく ★☆♡
244 浜野木碧 詩・絵 海原散歩 ☆★◎♡
245 やまうち・しゅうへい詩集 山本省三・絵 風のおくりもの ☆★◎♡
246 すぎもとれいこ 詩・絵 てんきになあれ ★◎
247 冨岡みち詩集 加藤真夢・絵 地球は家族 ひとつだよ ♡☆◎★
248 北野千賀詩集 滝波裕子・絵 花束のように ♡☆★◎
249 石原一輝詩集 加藤真夢・絵 ぼくらのうた ♡★◎
250 土屋律子詩集 高瀬のぶえ・絵 まほうのくつ ♡☆★◎
251 津坂治男詩集 井上良子・絵 白い太陽 ☆♡★◎
252 石井英行詩集 よしだちなつ・表紙絵 野原くん ☆★♡◎▲
253 井上灯美子詩集 唐沢静・絵 たからもの ☆♡★
254 大竹典子詩集 加藤真夢・絵 おたんじょう ☆★
255 たかはしけいこ詩集 織茂恭子・絵 流れ星 ★♡

256 谷川俊太郎詩集 下田昌克・絵 そして ♡★◎
257 なんば・みちこ詩集 布下満・絵 トックントックン 大空で大地で ★◎
258 宮本美智子詩集 阿見みどり・絵 夢の中に そっと ★◎♡
259 成本和子詩集 阿見みどり・絵 天使の梯子 ★◎
260 海野文音詩集 牧野鈴子・絵 ナンドデモ ★♡
261 熊谷本郷詩集 永田萠・絵 かあさん かあさん ★♡
262 大楠翠詩集 吉野晃希男・絵 おにいちゃんの紙飛行機 ★♡●
263 久保恵子詩集 たかせちなつ・絵 わたしの心は 風に舞う ★♡
264 みずかみさやか詩集 葉祥明・絵 五月の空のように ★♡
265 尾崎昭代詩集 中辻アヤ子・絵 たんぽぽの日 ★
266 はやしゆみ詩集 渡辺あきお・絵 わたしはきっと小鳥 ★
267 田沢節子詩集 永田萠・絵 わき水ぷっくん △★♡
268 柘植愛子詩集 そねはらまさえ・絵 赤いながぐつ ★♡
269 馬場与志子詩集 日向山寿十郎・絵 ジャンケンポンでかくれんぼ ♡
270 内田麟太郎詩集 高畠純・絵 たぬきのたまご

…ジュニアポエムシリーズ…

271 むらかみみちこ 詩・絵 家族のアルバム

272 井上和子 詩集 吉田瑠美・絵 風のあかちゃん

273 佐藤一志 詩集 日向山寿十郎・絵 自然の不思議

274 小沢千恵 詩・絵 やわらかな地球

275 あべこうぞう 詩集 大谷さなえ・絵 生きているしるし

276 宮田滋子 詩集 田中槇子・絵 チューリップのこもりうた

277 林佐知子 詩集 葉祥明・絵 空の日

278 いしがいようこ 詩集 髙見八重子・絵 ゆれる悲しみ

279 村瀬保子 詩集 武田淑子・絵 すきとおる朝

＊刊行の順番はシリーズ番号と異なる場合があります。

ジュニアポエムシリーズは、子どもにもわかる言葉で真実の世界をうたう個人詩集のシリーズです。

本シリーズからは、毎回多くの作品が教科書等の掲載詩に選ばれており、1974年以来、全国の小・中学校の図書館や公共図書館等で、長く、広く、読み継がれています。

心を育むポエムの世界。

一人でも多くの子どもや大人に豊かなポエムの世界が届くよう、ジュニアポエムシリーズはこれからも小さな灯をともし続けて参ります。